JN074167

味・見た目・こころ

野菜で簡単！電子レンジ料理！

ワンアイテム
編

RENJI HACHIBU

レンジ8分

「レンジ8分（はちぶ）」って？

みなさん　こんにちは！
「レンジ８分（はちぶ）」、通称「レン８（ぱち）」です！

僕たちは、「味・見た目・こころ」を合言葉に
歌と笑顔で、簡単にできる電子レンジ料理を
世の中に広めるべく、SNSをはじめ、
様々なところで活動しています。
「レンジ８分」は、電子レンジとラップを使った料理のレシピを
みなさんに伝えたい！
そして、料理だけではなくて、みなさんのこころも温めたい、
ということで出来たチームです。

名称の由来は、ことわざの
「段取り八分仕事（仕上げ）二分」からきています。

これは、事前にきちんとした段取りさえしておけば、
仕事（仕上げ）の 大方は完了したということです。

料理も、取りかかる前に、進める手順を
きっちりと決めておけば、それだけ料理の味と質と
スピードは上がるのです。

今回のレシピ本は、野菜を中心に、
75 品の料理を紹介しています。
夕食に一品足りないな、という時や、最近野菜不足かも……、
という時にパパっと作れる料理ばかりを考案しました！

ぜひ、みなさんの毎日に役立ててもらえるとうれしいです。

そして「レン8」のこともぜひ応援してください。

レンジ8分（はちぶ）
落合潤一
水野俊一

Contents

味・見た目・こころ

[本書の使い方]

- Ⓡ8のマークがあるレシピは、材料にかくし包丁を 入れることを表しています。
- 材料の大は大さじを表しています。
- 大さじ1は 15ml です。
- 野菜類は、特に表記のない場合、洗う、皮をむくなどの作業をすませてからの手順を説明しています。
- 電子レンジの加熱時間は、600W のものを使用したときの目安です。500W なら加熱時間を約 1.2 倍にしてください。なお、機種によって多少異なることもありますので、様子を見ながら調節をしてください。

もっと
おいしく！

電子レンジの使い方のコツ！

耐熱容器に材料を入れ、チンしてあとはおまかせのラクチン家電が電子レンジ。誰でも使いこなせる調理器具ですが、ちょっとした工夫や注意でレンチン料理がもっとおいしくなります！

ラップはふわっと！

ラップをかけるときは、ふんわりと容器にかけることで、効率よく蒸気がまわります。ラップをピタッとはると、中の食材が破裂することもあります。

やけどに注意!!

短時間でも思ったより高温になっていることも。ラップを外した時の蒸気や、お皿なども熱くなっている場合もあるので、お皿を出す時は、濡れ布巾やミトンを使うようにしましょう。

NGなものを知っておこう！

電子レンジには、使える容器と使えない容器があります。向いていない容器は溶けたり、火災の原因にもなります。プラスチック素材は「電子レンジ使用可」の商品を使用しましょう。

OK

耐熱のプラスチック容器
耐熱のシリコン容器
陶器（ココット皿、グラタン皿）
耐熱ガラス容器

NG

ステンレス容器
陶器（絵付け、金・銀模様のあるもの）
木製（竹、木、籐など）
漆塗り、ニス塗りの容器
素焼きの陶器・土鍋
紙皿

電子レンジのタイプ

ターンテーブルがあるタイプとフラットタイプがあります。フラットタイプは食材を中央に置きますが、ターンテーブルタイプは外側のマイクロ波が強いので、小さいものは外側、重い物や大きいものは中央に置きます。

さらにプラスのテクニック

電子レンジ調理の肝は水分量。材料や調味料をきちんと計ることが、失敗を防ぎます。また、食材は出来るだけ平らに並べ、途中で食材を裏返したりすると、加熱ムラを防ぐことができます。

ワット数に合わせて

本書では600 wを使用した加熱時間を記載していますが、ワット数は機種によって異なります。ご家庭のワット数を確認してください。

電子レンジワット数別
加熱時間換算表

500W	600W	800W
40秒	30秒	20秒
1分10秒	1分	50秒
1分50秒	1分30秒	1分10秒
2分20秒	2分	1分40秒
3分40秒	3分	2分20秒
4分50秒	4分	3分10秒
6分	5分	4分
7分10秒	6分	4分50秒
12分	10分	8分

トマトをケチャップで食べます

トマトソーストマト

材料（2人分）

トマト……1個
Ⓐ ローリエ……
　1枚（半分にちぎる）
にんにく
……1かけ（すりおろし）
ケチャップ……大2
顆粒だし……大1／2
（料理酒大2で溶く）
片栗粉……大1／3
オリーブオイル……大1
パセリ……適量（みじん切り）
塩・コショウ……適量

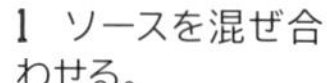

作り方

1 トマトはヘタを取り、8等分に切る。ボウルにⒶを入れて混ぜ合わせる。

2 皿にトマトを並べⒶをかけ、ラップをしてレンジで2分加熱する。

3 ラップを外し、パセリを散らす。お好みで塩・コショウをふる。

POINT

1 ソースを混ぜ合わせる。

2 Ⓐを全体にまわしかける。

食べる前にSNSに
アップするのを忘れずに！

不思議な組み合わせ

梅干しトマト

材料（2人分）

トマト……1個
Ⓐ 梅干し……1～2個（みじん切り）
生姜……1かけ（すりおろし）
顆粒だし……
大1／2（料理酒大1と1／2で溶く）
片栗粉……大1／3
梅干し……適量（Aから半量取り分ける）
針生姜……適量
塩・コショウ……適量

作り方

1 トマトはヘタを取り、乱切りにする。

2 ボウルにⒶを入れ混ぜ合わせ、1をあえる。

3 皿に2をのせ、ラップをしてレンジで2分加熱する。

4 ラップを外し、梅干しと針生姜を盛る。お好みで塩・コショウをふる。

誰にも教えたくない
秘密の組み合わせ

POINT

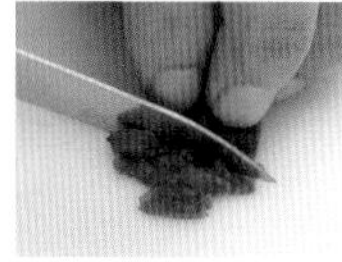

2 梅干しは種を取ってみじん切り。

2 Ⓐとトマトをよくあえてからレンジへ。

Recipe 3
vegetable TOMATO

チーズたちがトマトにピッタリ寄り添う

ミニトマトとチーズたち

材料（２人分）

ミニトマト …… 10個
Ⓐ クリームチーズ …… 大1
　オリーブオイル …… 大1
　にんにく …… 1かけ（すりおろし）
　パセリ …… 適量（みじん切り）
スライスチーズ …… 1枚
パセリ …… 適量（みじん切り）

作り方

1 ミニトマトはヘタを取り、半分に切る。
2 ボウルにⒶを入れ混ぜ合わせ、1をあえる。
3 皿に2を並べ、スライスチーズをかぶせ、ラップをしてレンジで２分加熱する。
4 ラップを外し、パセリを散らす。

POINT

1　ミニトマトは縦半分に切る。

2　Ⓐは素材同士がなじむようよく混ぜる。

サンドイッチの具にもピッタリ！

アンチョビが隠し味に

ミニトマト大人味

材料（2人分）

ベビートマト	10個
オリーブ	10個
Ⓐ アンチョビ	2枚（みじん切り）
にんにく	1かけ（みじん切り）
ワインビネガー	大1
パセリ	適量（みじん切り）
塩・コショウ	適量

作り方

1 ミニトマトはヘタを取り、半分に切る。

2 ボウルにⒶを入れ混ぜ合わせ、トマトをあえる。

3 皿に2を並べ、ラップをしてレンジで2分加熱する。

4 ラップを外し、オリーブを加えパセリを散らす。お好みで塩・コショウをふる。

POINT

1 トマトは縦半分に切る。

2 よく混ぜ合わせてなじませる。

パスタのソースや、ワインのお供にも！

サラダのドレッシングにもオススメ

マヨトマ

材料（２人分）

ミニトマト……10個
Ⓐ マヨネーズ……大2
　にんにく……１かけ（みじん切り）
　オリーブオイル……大1
ミックスチーズ……大2
塩・コショウ……少々
パセリ……適量（みじん切り）

作り方

1 ミニトマトはヘタを取り、半分に切る。
2 ボウルにⒶを入れ混ぜ合わせ、1をあえる。
3 皿に2をのせ、ミックスチーズをのせ、ラップをしてレンジで２分加熱する。
4 ラップを外し、塩・コショウをふり、パセリを散らす。

POINT

2 しっかりと混ぜ合わせる。

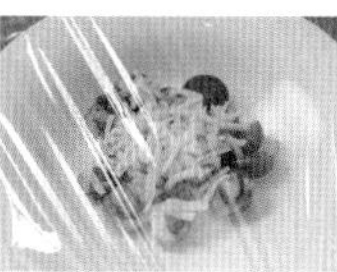
3 チーズをのせ、ラップはふんわり

チキンステーキのソースにも合うよ！

Recipe 6

vegetable TOMATO

ゴマ油の風味が香るちょい辛ソース

ミニトマト中華味

材料（2人分）

ミニトマト……10個
Ⓐ 生姜……1かけ（みじん切り）
にんにく……1かけ（みじん切り）
豆板醤……少々
料理酒……大1
醤油……大1／2
片栗粉……大1／3
ゴマ油……大1
大葉……適量（千切り）

作り方

1 トマトはヘタを取り、半分に切る。
2 ボウルにⒶを入れ混ぜ合わせ、1をあえる。
3 皿に2をのせ、ラップをしてレンジで2分加熱する。
4 ラップを外し、たっぷりの大葉を盛る。

POINT

1 トマトは縦半分に切る。

2 Ⓐがダマにならないように。

夏はソーメンと一緒に食べても◎！

2つの食感の違いもおもしろい

たまねぎロール

材料（2人分）

たまねぎ……1個
卵……1個
顆粒だし……大1／2（料理酒大1で溶く）
ミックスチーズ……大3
パセリ……適量（みじん切り）
塩・コショウ……少々

作り方

1 たまねぎは1.5cmの輪切りにする。芯を取り出し、みじん切りにする。

2 皿に1を広げ、ラップをしてレンジで3分加熱する。

3 ボウルに卵を割り入れ、顆粒だし、1のみじん切りを混ぜ合わせる。

4 皿にたまねぎの輪切りを並べ、たまねぎの芯の部分に3を入れ、残った分は周りにかける。

5 ミックスチーズをのせ、ラップをしてレンジで2分加熱する。

6 ラップを外し、パセリを散らす。お好みで塩・コショウをふる。

POINT

1 芯の部分を指で押して取り出す。

4 輪切りの芯部分に3を入れていく。

食卓に大輪の花を咲かせよう

玉葱の花

材料（２人分）

たまねぎ……１個
塩昆布……１つまみ
バター……20g
Ⓐ ケチャップ……大２
　 顆粒だし……大１／２
　 （料理酒大２で溶く）
かつお節……適量
ケチャップ……適量

作り方

1 たまねぎは上の部分を切り、８等分に切り込みを入れる。

2 かつお節をレンジで１分加熱する。

3 ラップに1をのせ、バターと塩昆布を切り込みにはさむ。

4 ラップの角を結び、レンジで３分加熱する。

5 ボウルにⒶを入れて混ぜ合わせる。4のラップを開いてⒶをかけ、再びラップをしてレンジで２分加熱する。

6 ラップを外し、たまねぎを広げて芯まで切る。2のかつお 節をかける。

POINT

1　たまねぎは下まで切らない！

3　バターと塩昆布はすきまにはさむ。

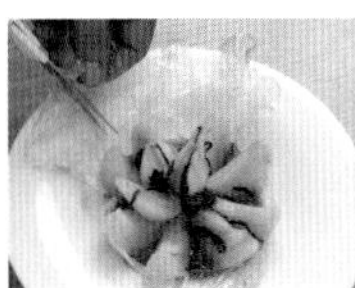
5　ラップを開くのは、はさみを使うと楽！

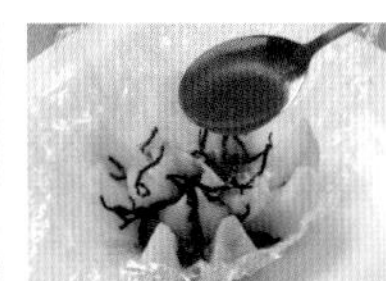
5　Ⓐを上からまんべんなくかける。

クルミを砕いて
アクセントにしても美味！

たまねぎと卵の相性が抜群

オニオンエッグ

POINT

2 卵液をよく混ぜ合わせる。

3 チーズはまんべんなく。

材料（２人分）

たまねぎ	１個
卵	１個
顆粒だし	大１／２
牛乳	大２
ミックスチーズ	大２
塩・コショウ	少々
パセリ	適量（みじん切り）

作り方

1 たまねぎはみじん切りにし、ラップをしてレンジで３分加熱する。

2 ボウルに顆粒だしを入れて牛乳で溶き、卵を割り入れ、1を加えて混ぜる。

3 皿に2を広げ、ミックスチーズをのせ、ラップをしてレンジで２分加熱する。

4 ラップを外し、塩・コショウをふり、パセリを散らす。

ケチャップをかけて味変もイイネ！

ナムルのようにパクパク食べられる

たまねぎワカメ

味噌汁の具にしても
イケますよ

POINT

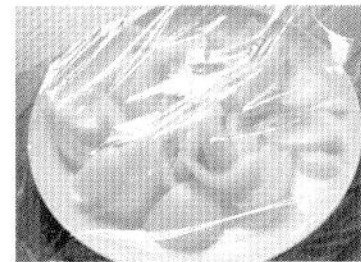

1 たまねぎは重ならないように広げる。

4 たまねぎとⒶをよく混ぜる。

材料（２人分）

たまねぎ	１個
乾燥ワカメ	２つまみ（水で戻す）
Ⓐ 生姜	１かけ（すりおろす）
にんにく	１かけ（すりおろす）
醤油	大１
みりん	大１
顆粒だし	大１／２（料理酒大１で溶く）
ゴマ油	大１
ラー油	適量
塩・コショウ	適量
白ゴマ	適量

作り方

1 たまねぎは5mmの薄切りにする。皿に並べ、ラップをしてレンジで２分加熱する。ワカメは食べやすい大きさに切る。

2 ボウルにⒶを入れ混ぜ合わせ、1をあえる。

3 皿に2をのせ、ラップをしてレンジで２分加熱する。

4 ラップを外し、塩・コショウをふり、白ゴマをふる

温かくても冷めても美味しい

ポテトサラダ

材料（2人分）

じゃがいも……1個
バター……10g
Ⓐ 厚切りベーコン……2枚（角切り）
マヨネーズ……大2
顆粒だし……大1／2（料理酒大1で溶く）
塩・コショウ……少々
粉チーズ……適量
パセリ……適量（みじん切り）

作り方

1 じゃがいもは皮ごと1cmの角切りにし、水にさらす。水を切り皿に並べ、バターをのせ、ラップをしてレンジで4分加熱する。

2 ボウルにⒶを入れ混ぜ合わせ、1をあえる。

3 皿に2をのせ、ラップをしてレンジで2分加熱する。

4 ラップを外し、塩、コショウをふり、粉チーズ、パセリを散らす。

POINT

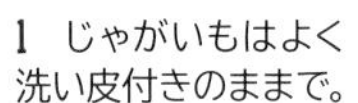

1 じゃがいもはよく洗い皮付きのままで。

2 Ⓐをからめるように混ぜる。

相性バツグン！　大人の味

アンチョビポテト

材料（2人分）

- じゃがいも……1個
- バター……10g
- Ⓐ アンチョビ……2枚（刻む）
- 牛乳……大3
- 顆粒だし……大1／2（料理酒大1で溶く）
- ミックスチーズ……大3
- 塩・コショウ……少々
- パセリ……適量（みじん切り）

作り方

1 じゃがいもは皮ごと3mmの薄切りにし、水にさらす。水を切り皿に並べ、バターをのせ、ラップをしてレンジで4分加熱する。

2 ボウルにⒶを入れ混ぜ合わせ、1をあえる。

3 皿に2をのせ、ミックスチーズをのせ、ラップをしてレンジで2分加熱する。

4 ラップを外し、塩・コショウをふり、パセリを散らす。

POINT

1　じゃがいもの中心にバターをのせる。

3　チーズをのせてさらにレンジに。

チーズ×カレー風味が最強

ポテトカレーソース

材料（2人分）

じゃがいも		1個
Ⓐ	カレールウ	1かけ
	料理酒	大1／2
Ⓑ	牛乳	大2
	オリーブオイル	大1
スライスチーズ		2枚
塩・コショウ		少々
パセリ		適量

作り方

1 じゃがいもは皮ごと6：4に切る。上部を切って4辺を切り落とし、中身はサイコロ状に切って水にさらす。水を切り皿に並べ、バターをのせ、ラップをしてレンジで4分加熱する。

2 ボウルにⒶを入れてレンジで30秒加熱して混ぜ、Ⓑを加えて混ぜ合わせる。

3 皿にじゃがいもを組み立てながら、間に2をぬり、スライスチーズをかぶせ、レンジで2分加熱する。

4 塩、コショウをふり、パセリを散らす。

POINT

1　上部を切り、4辺を切り落とす。

1　中はサイコロ状に切る。

3　ソースをぬりながら組み立てる。

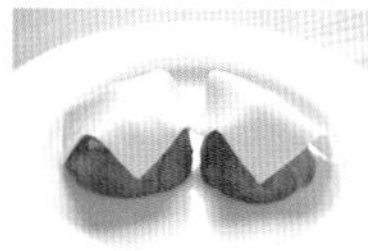
3　スライスチーズをのせる。

お子様と一緒に
ポテトの家を作ってね！

サクサク&ほっくりの不思議な食感

天かすポテト

材料（2人分）

じゃがいも …… 1個
Ⓐ 天かす …… 大1
　天つゆ …… 大2
　料理酒 …… 大1
天かす …… 大1
塩・コショウ …… 適量
大葉 …… 適量（千切り）

作り方

1 じゃがいもは皮ごと乱切りにし、水にさらす。水を切り皿に並べ、ラップをしてレンジで4分加熱する。

2 ボウルにⒶを入れ混ぜ合わせ、1をあえる。

3 皿に2をのせ、ラップをしてレンジで2分加熱する。

4 ラップを外し、塩・コショウをふり、天かすと大葉を盛る。

天かす×ポテトが新感覚の味わい！

POINT

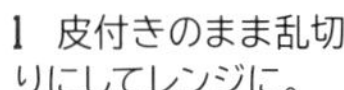

1 皮付きのまま乱切りにしてレンジに。

2 天かすでうまみをプラス！

野菜とドライフルーツの優しい甘み

キャロット干しぶどうラペ

干しぶどうの代わりにナッツ類もオススメ！

POINT

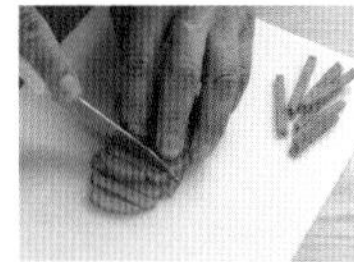

1　にんじんは同じ太さにそろえる。

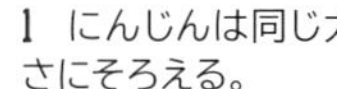

2　Ⓐとレモン汁はよく混ぜる。

材料（2人分）

にんじん……1本
レモン……1個
Ⓐ 干しぶどう……10粒
にんにく……1かけ（すりおろす）
ワインビネガー……大2
顆粒だし……大1／2
砂糖……大1／2
塩、コショウ……少々

作り方

1 にんじんは千切りにし、皿に並べ、ラップをしてレンジで2分加熱する。レモンは3mmの輪切りを2枚飾り用に取り分けてから絞る。

2 ボウルにⒶと1のレモン汁を加えて混ぜ、にんじんをあえる。

3 皿に2をのせ、ラップをしてレンジで1〜2分加熱する。

4 ラップを外し、塩・コショウをふり、レモンの輪切りを飾る。

新発想の味で食べやすい

オリーブにんじん

材料（２人分）

にんじん……１本
Ⓐ 天かす……大１
生姜…１かけ（すりおろす）
顆粒だし……大１／２
（料理酒大１で溶く）
オリーブオイル……大１
塩・コショウ……適量
天かす……大１
わけぎ……適量（小口切り）

作り方

1 にんじんはピーラーで縦にスライスし、皿に並べ、ラップをしてレンジで２分加熱する。
2 ボウルにⒶを入れ混ぜ合わせ、1をあえる。
3 皿に2を並べ、ラップをしてレンジで１～２分加熱する。
4 ラップを外し、塩・コショウをふり、天かすとわけぎを散らす。

POINT

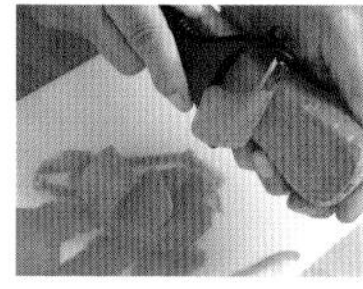
1 にんじんは縦に薄くスライスを。

1 ラップはふわんりかけて。

2 よく混ぜておく。

2 にんじんともよくなじませる。

ふんわり盛り付けも
おしゃれに♪

メキシコ料理風もレンチンで

Tex-Mex パンプキン

材料（２人分）

かぼちゃ……1／8個
Ⓐ タコミックス……大1
　料理酒……大2
スライスチーズ……1枚
塩、コショウ……少々
パプリカパウダー……少々

作り方

1 かぼちゃは皮を一部落として乱切りにし、皿に並べ、ラップをしてレンジで3分加熱する。

2 ボウルにⒶを入れ混ぜ合わせ、1をあえる。

3 皿に2をのせ、スライスチーズをかぶせ、レンジで2分加熱する。

4 塩・コショウ、パプリカパウダーをふる。

トルティーヤに挟めば
タコスになるよ

POINT

2　Ⓐのタコミックスは市販のものを使えば簡単。

3　スライスチーズはお好みで増やしても。

牛乳ソースで優しいおいしさ

かぼちゃミルク

フランスパンを添えても！

材料（2人分）

かぼちゃ	1／8個
Ⓐ 牛乳	大3
砂糖	大1
顆粒だし	大1／2（料理酒大1で溶く）
塩・コショウ	少々
粉チーズ	大2

作り方

1 かぼちゃはたてに半分に切り、皮を一部落として4〜5cm幅に切る。皿に並べ、ラップをしてレンジで4分加熱する。

2 ボウルにⒶを入れて混ぜ合わせる。

3 皿に1をのせ2をかけ、ラップをしてレンジで2分加熱する。

4 ラップを外し、塩・コショウ、粉チーズをふる。

POINT

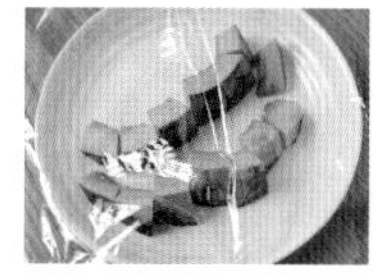

1 かぼちゃは重ならないように並べる。

3 盛り付けてからソースをかける。

Recipe 19
vegetable BURDOCK

隠し味のにんにくがイイ味に

ごぼう味噌

材料（２人分）

ごぼう……100g
Ⓐ 生姜……１かけ（みじん切り）
にんにく……１かけ（みじん切り）
味噌……大１
料理酒……大１
醤油……大１／２
砂糖……大１／２
白ゴマ……適量

作り方

1 ごぼうは皮をむき乱切りにし、水にさらす。水を切り皿に並べ、ラップをしてレンジで２分加熱する。
2 ボウルにⒶを入れ混ぜ合わせ、1をあえる。
3 皿に2をのせ、ラップをしてレンジで１分加熱する。
4 ラップを外し、白ゴマをふる。

お弁当のすき間にもピッタリな一品！

POINT

2 味噌はダマが残らないよう混ぜる。

3 ラップをふんわりかけ再びレンジへ。

食材のうまみがからみあって絶妙な食感に！

ごぼう塩昆布

材料（２人分）

ごぼう……100ｇ
Ⓐ 塩昆布……１つまみ
生姜……１かけ（みじん切り）
料理酒……大１
醤油……大１
砂糖……大１
白ゴマ……適量

作り方

1 ごぼうはピーラーで縦にスライスし、水にさらす。水を切り皿に並べ、ラップをしてレンジで２分加熱する。

2 ボウルにⒶを入れ混ぜ合わせ、1をあえる。

3 皿に2をのせ、ラップをしてレンジで１分加熱する。

4 ラップを外し、白ゴマをふる。

和風パスタの具にしても美味しい！

POINT

1 ピーラーで縦に薄くスライスを。

2 Ⓐはしっかり混ぜてなじませる。

サラダだけどデザートみたい

さつまいもクルミサラダ

材料（2人分）

さつまいも……200ｇ
Ⓐ クルミ……30ｇ（刻む）
マヨネーズ……大2
顆粒だし……大1／2
（料理酒大1で溶く）
バター……10ｇ
塩・コショウ……適量
粉チーズ……適量

作り方

1 じゃがいもは皮ごと乱切りにし、水に5分さらす。水を切り皿に並べ、バターをのせ、ラップをしてレンジで3分加熱する。
2 ボウルにⒶを入れ混ぜ合わせ、1をあえる。
3 皿に2をのせ、ラップをしてレンジで2分加熱する。
4 ラップを外し、塩・コショウ、粉チーズをふる。

POINT

1 バターは、散らしてのせる。

2 さつまいもとⒶをからめ合わせる。

正誤表

当資料に下記の誤りがありました。
お詫びして訂正致します。

ページ	レシピ	誤	正
14	4	材料の ベビートマト	ミニトマト
18	8	作り方 1　たまねぎは上 6　かつお節をかける。	1　たまねぎは上下 6　鰹節とケチャップをかける。
39	25	作り方1 キャベツは一口大にちぎりる。	作り方1 キャベツは一口大にちぎる。
63	47	作り方3 皿に2をのせ、ラップをしてレンジで3分加熱する。	作り方3 皿に2をのせ、ラップをしてレンジで1分加熱する。
72	56	POINT1.油揚げは1cm程度の細さに切る。 POINT2.縦半分にし4等分して横半分に。	POINT1.縦半分にし4等分して横半分に。 POINT2.油揚げは1cm程度の細さに切る。 ※写真も1と2が逆になる

アイスクリームに添え
たらまるでスイーツ！

白×黒のナイスマッチング

れんこん味噌

材料（２人分）

れんこん	100g
Ⓐ 味噌	大１
料理酒	大１と１／２
砂糖	大１
刻み海苔	適量
黒ゴマ	適量

作り方

1 れんこんは皮をむき乱切りにし、水にさらす。水を切り皿に並べ、ラップをしてレンジで３分加熱する。

2 ボウルにⒶを入れ混ぜ合わせ、1をあえる。

3 皿に2をのせ、ラップをしてレンジで２分加熱する。

4 ラップを外し、刻み海苔、黒ゴマをかける。

追い刻み海苔もおすすめダヨ！

POINT

2 れんこんとⒶをしっかり混ぜる。

3 ラップをふんわりかけてレンジへ。

根菜類にぴったりのソースで

れんこんの甘辛

れんこんをごぼうスライスに変えても！

POINT

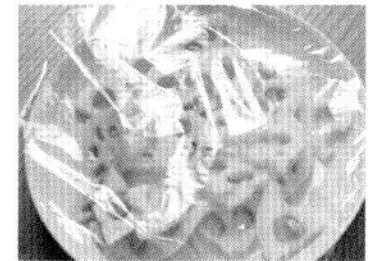
1　あらかじめレンジで柔らかく。

2　Ⓐをしっかりからめる。

材料（2人分）

れんこん	100g
Ⓐ 醤油	大1
酢	大1
砂糖	大1
顆粒だし	大1／2
片栗粉	大1／3
塩・コショウ	少々
黒ゴマ	適量
大葉	適量（千切り）

作り方

1 れんこんは皮をむき5mm幅のいちょう切りにし、水にさらす。水を切り皿に並べ、ラップをしてレンジで3分加熱する。

2 ボウルにⒶを入れ混ぜ合わせ、1をあえる。

3 皿に2をのせ、ラップをしてレンジで2分加熱する。

4 ラップを外し、塩・コショウ、黒ゴマをふり、たっぷりの大葉を盛る。

まいりました！ カレー味も美味

カレーれんこん

材料（２人分）

れんこん……100g
Ⓐ カレールウ……１かけ（刻む）
　料理酒……大２
白ゴマ……適量
わけぎ……適量（小口切り）

作り方

1 れんこんは皮をむき縦切りにし、水でさらす。水を切り皿に並べ、ラップをしてレンジで３分加熱する。

2 ボウルにⒶを入れ、レンジで30秒加熱して混ぜる。

3 ボウルに1と2を入れて混ぜ合わせる。

4 皿にのせ、ラップをしてレンジで２分加熱する。

5 ラップを外し、白ゴマ、わけぎを散らす。

お好みで七味唐辛子をふってね！

POINT

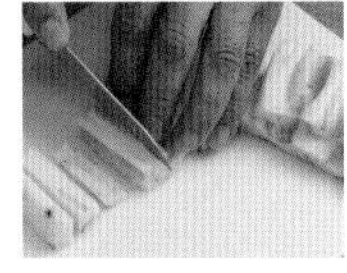

1 れんこんはスティック状に大きさをそろえて。

3 Ⓐをしっかりからめる。

相性ぴったり♪　大人な中華味

キャベツとザーサイ

焼きそばの
トッピングにもグー！

POINT

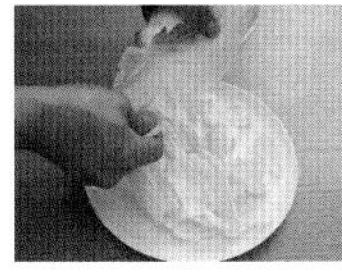

1　ちぎることで味がしみこみやすく。

2　Ⓐをよくなじませる。

材料（2人分）

キャベツ……2〜3枚
ザーサイ……大2
Ⓐ 豆板醤……大1／4
　顆粒だし……大1／2（料理酒大1で溶く）
　ゴマ油……大1
塩・コショウ……少々
紅ショウガ……適量

作り方

1 キャベツは一口大にちぎりる。ザーサイは1cm幅に切る。
2 ボウルにⒶを入れ混ぜ合わせ、1をあえる。
3 皿に3をのせ、ラップをしてレンジで2分加熱する。
4 ラップを外し、塩・コショウをふり、紅ショウガを盛る。

2つの食感、芯まで美味しい!

オールキャベツ

材料(2人分)

キャベツ……4枚
Ⓐ カレールウ……1かけ(刻む)
　料理酒……大1
ケチャップ……大1
スライスチーズ……1と1/2枚
塩・コショウ……適量
パプリカパウダー……適量

作り方

1 キャベツ3枚を皿に重ね、ラップをしてレンジで3分加熱する。キャベツ1枚は千切りにし、塩・コショウをふる。

2 ボウルにⒶを入れ、レンジで30秒加熱して混ぜる。

3 1のキャベツ3枚を広げ、1枚目はカレー、2枚目はケチャップをぬり、3枚目は塩・コショウをふる。それぞれに1のキャベツの千切りを巻いて楊枝で留める。

4 皿に3をのせ、それぞれにスライスチーズ1/2枚をのせ、レンジで2分加熱する。

5 チーズが溶けたら楊枝を外し、塩・コショウ、パプリカパウダーをふる。

POINT

1　キャベツの1枚は千切りに。

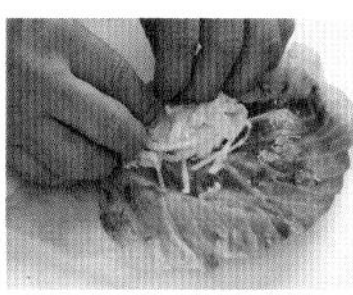
3　しっかりと巻いていく。

3　楊枝をさして留める。

3　味付けはそれぞれ3種類。

ロールキャベツならぬ
オールキャベツ！

2つの食感と味の違いを楽しむ

サキイカキャベツ

おつまみのサキイカが大変身！

POINT

1　キャベツは繊維に沿って切る。

1　サキイカは酒に漬けてからあえる。

材料（2人分）

キャベツ	2～3枚
サキイカ	1つまみ
Ⓐ 鷹の爪	1／2本（1mmの輪切り）
醤油	大1
顆粒だし	大1／2（料理酒大1で溶く）
塩・コショウ	適量
かつお節	適量

作り方

1 キャベツは細切りにし、皿に並べ、ラップをしてレンジで2分加熱する。サキイカは5cm長さに切り、料理酒（分量外）に5分漬ける。
2 ボウルにⒶを入れ混ぜ合わせ、1をあえる。
3 かつお節をレンジで1分加熱する。
4 皿に2をのせ、ラップをしてレンジで2分加熱する。
5 ラップを外し、塩・コショウをふり、かつお節を散らす。

王道の味の隠し味はカレー！

ソースキャベツ

ご飯にのせれば
ソースキャベツ丼！

材料（２人分）

- キャベツ……２～３枚
- ソース……大２
- Ⓐ カレールウ……１かけ（刻む）
- 　顆粒だし……大１／２（料理酒大１で溶く）
- 　砂糖……大１／２
- 塩・コショウ……適量
- 青海苔……適量
- 紅ショウガ……適量

作り方

1 キャベツは一口大にちぎり、皿に並べ、ラップをしてレンジで２分加熱する。

2 ボウルにⒶを入れ混ぜ合わせ、1をあえる。

3 皿に2をのせ、ラップをしてレンジで２分加熱する。

4 ラップを外し、塩・コショウ、青海苔をふり、紅ショウガを添える。

POINT

1 食べやすい大きさにちぎる。

2 Ⓐをキャベツの葉全体にからめる。

カリカリ&しっとりのＷ食感が楽しい

油揚げキャベツ

材料（２人分）

キャベツ……２～３枚
油揚げ……１枚
Ⓐ醤油……大１
　顆粒だし……大１（料理酒大２で溶く）
　ゴマ油……大２
塩・コショウ……適量
かつお節……適量

作り方

1 キャベツは一口大にちぎり、皿に並べ、ラップをしてレンジで２分加熱する。油揚げは皿にキッチンペーパーを敷いてのせ、レンジで２分加熱し、一口大にちぎる。
2 かつお節はレンジで１分加熱する。
3 ボウルにⒶを入れ混ぜ合わせ、1をあえる。
4 皿に3をのせ、ラップをしてレンジで２分加熱する。
5 ラップを外し、塩・コショウ、かつお節をふる。

POINT

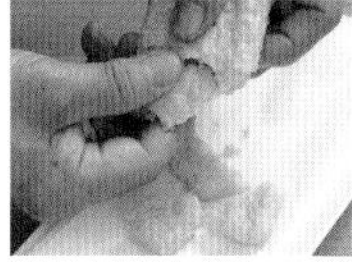
1 油揚げは粗熱がとれたらちぎる。

3 キャベツと油揚げとⒶをなじませる。

Recipe 30
vegetable CHINESE CABBAGE

美味しさは梅が決めて

白菜ロール梅ソース

温でも冷でも美味、絶対試してみて！

POINT

1 白菜は芯の部分を三角に切り取る。

3 根元から葉へ向かって巻く。

材料（2人分）

白菜……大きめ3枚
Ⓐ 梅干し……1～2個（みじん切り）
天かす……大2
料理酒……大1
醤油……大1
顆粒だし……大1／2（料理酒大1で溶く）
片栗粉……大1／3
白ゴマ……適量
塩・コショウ……適量

作り方

1 白菜は芯を切り取り、皿に並べ、ラップをしてレンジで2分加熱する。芯の部分は千切りにする。

2 ボウルにⒶを入れて混ぜ合わせる。

3 白菜それぞれに2の1／4量のⒶをぬり、芯を入れて巻く。皿に並べ、ラップをしてレンジで1分30秒加熱する。

4 ラップを外し、塩・コショウ、白ゴマをふり、残りのⒶをかける。

薬味たっぷりで箸が進む

白菜にんにく生姜ソース

白菜をキャベツに変えても美味しいよ

材料（2人分）

白菜 ……… 200ｇ
Ⓐ 生姜 ……… 1かけ（すりおろす）
にんにく ……… 1かけ（すりおろす）
鷹の爪 ……… 少々（刻む）
醤油 ……… 大1
顆粒だし …… 大1／2（料理酒大1で溶く）
片栗粉 ……… 大1／3
大葉 ……… 適量（千切り）
ラー油 ……… 適量

作り方

1 白菜は一口大にちぎり、皿に並べ、ラップをしてレンジで2分加熱する。
2 ボウルにⒶを入れ混ぜ合わせ、1をあえる。
3 皿に2をのせ、ラップをしてレンジで2分加熱する。
4 ラップを外し、たっぷりの大葉を盛り、ラー油をまわしかける。

POINT

1 白菜は芯も一緒に手でちぎる。

3 ラップはふんわりかけてレンジへ。

生姜×かつお節のうまみ際立つ

かつお節たっぷり白菜

冷めたらゴマ油をかけ、
レンジ２分で味変！

POINT

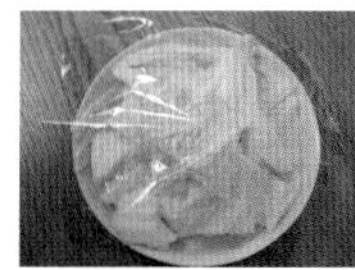

1　白菜は食べやすい大きさに。

3　Ⓐをしっかりからめる。

材料（２人分）

白菜……200ｇ
Ⓐ 天かす……大1
　生姜……１かけ（千切り）
　醤油……少々
　顆粒だし……大１／２（料理酒大１で溶く）
塩・コショウ……適量
天かす……大1
かつお節……適量

作り方

1 白菜は一口大にちぎり、皿に並べ、ラップをしてレンジで２分加熱する。
2 かつお節はレンジで１分加熱する。
3 ボウルにⒶを入れ混ぜ合わせ、1をあえる。
4 皿に3を盛り、ラップをしてレンジで２分加熱する。
5 ラップを外し、塩・コショウをふり、天かす、かつお節をふる。

Recipe 33
vegetable SPINACH

茎を葉で包んで食べる!

ほうれん草ロール

白いご飯に乗せても美味しいよ♪

材料(2人分)

ほうれん草	1束
Ⓐ 天かす	大1
生姜	1かけ(すりおろす)
天つゆ	大2
醤油	少々
白ゴマ	適量
塩・コショウ	少々
天かす	大1
白ゴマ	適量

作り方

1 ほうれん草は皿に葉と茎を交互に並べ、ラップをしレンジで1分加熱する。

2 粗熱が取れたら、1を葉と茎に切り分け、葉で茎を包む。

3 ボウルにⒶを入れて混ぜ合わせる。

4 皿に2を並べ、3をかけ、ラップをしてレンジで1分加熱する。

5 ラップを外し、塩・コショウ、天かす、白ゴマをふる。

POINT

1 葉と茎を交互に並べることで均等に熱が通る。

2 茎を葉でしっかり巻いていく。

和洋ミックスの意外な味付け

ほうれん草のマスタード添え

POINT

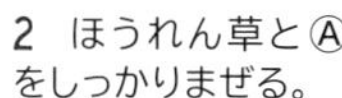

2 ほうれん草とⒶをしっかりまぜる。

3 ふんわりラップをしてレンジへ。

材料（2人分）

ほうれん草	1束
Ⓐ にんにく	1かけ（みじん切り）
クルミ	大1（刻む）
天つゆ	大2
料理酒	大1
醤油	少々
コショウ	少々
白ゴマ	適量
粒マスタード	大1

作り方

1 ほうれん草は皿に葉と茎を交互に並べ、ラップをし、レンジで1分加熱する。粗熱が取れたら、4cm幅に切る。

2 ボウルにⒶを入れ混ぜ合わせ、1をあえる。

3 皿に2をのせ、ラップをしてレンジで1分加熱する。

4 ラップを外し、コショウ、白ゴマをふり、粒マスタードを添える。

ポパイパワーが炸裂！

ほうれん草ベーコン

グラタンの具やトーストにのせても！

材料（２人分）

ほうれん草	１束
厚切りベーコン	２枚
オリーブオイル	大１
ミックスチーズ	大２
塩、コショウ	少々
粉チーズ	適量

作り方

1 ほうれん草は皿に葉と茎を交互に並べ、ラップをしてレンジで１分加熱する。粗熱が取れたら、4cm幅に切る。ベーコンは5mm角に切る。

2 ボウルに1、オリーブオイルを入れて混ぜ合わせる。

3 皿に2を並べ、ミックスチーズをのせ、ラップをしてレンジで２分加熱する。

4 ラップを外し、塩・コショウ、粉チーズをふる。

POINT

1 ほうれん草とベーコン、オリーブオイルを混ぜる。

3 チーズをのせたらラップをして再びレンジへ。

Recipe 36
vegetable SPINACH

レンジで簡単！あっという間！

ほうれん草のゴマ和え

小松菜やチンゲン菜で作ってもおいしい！

材料（２人分）

ほうれん草 ……… １束
Ⓐ 白ゴマ ……… 大１／２
醤油 ……… 大１
顆粒だし …… 大１／２（料理酒大１で溶く）
砂糖 ……… 大１／２
白ゴマ ……… 適量
かつお節 ……… 適量

作り方

1 ほうれん草は皿に葉と茎を交互に並べ、ラップをしてレンジで１分加熱する。粗熱が取れたら、4cm幅に切る。
2 かつお節はレンジで１分加熱する。
3 ボウルにⒶを入れ混ぜ合わせ、ほうれん草をあえる。
4 皿に3をのせ、ラップをしてレンジで２分加熱する。
5 ラップを外し、白ゴマ、かつお節をふる。

POINT

1 葉と茎を交互に並べ均等に加熱を。

3 Ⓐをからめて再びレンジへ。

アンチョビの塩気が名脇役

ブロッコリー アンチョビソース

パスタの具としてもオススメ！

POINT

1 食べやすい大きさに切り分ける。

2 Ⓐをしっかりからめる。

材料（2人分）

- ブロッコリー……100g
- バター……10g
- Ⓐ アンチョビ……2枚（刻む）
- にんにく……1かけ（みじん切り）
- 顆粒だし……大1／2（料理酒大1で溶く）
- 塩・コショウ……適量
- 粉チーズ……適量

作り方

1. ブロッコリーは小房に分け皿に並べ、バターをのせ、ラップをしてレンジで2分30秒加熱する。
2. ボウルにⒶを入れ混ぜ合わせ、1をあえる。
3. 皿に2をのせ、ラップをしてレンジで1分加熱する。
4. ラップを外し、塩・コショウ、粉チーズをふる。

やっぱりこの組合せはハズせない！

ブロッコリーベーコン

タンパク質たっぷり！
パワー朝食のお供に

POINT

2　ブロッコリーとⒶをよくなじませる。

3　チーズをのせて再びレンジへ。

材料（2人分）

ブロッコリー……100ｇ
Ⓐ ベーコン……1～2枚（刻む）
　にんにく……1かけ（みじん切り）
　顆粒だし……大1／2（料理酒大1で溶く）
スライスチーズ……1枚
塩・コショウ……適量
パプリカパウダー……適量

作り方

1 ブロッコリーは小房に分け皿に並べ、ラップをしてレンジで2分30秒加熱する。
2 ボウルにⒶを入れ混ぜ合わせ、1をあえる。
3 皿に2をのせ、スライスチーズをのせ、レンジで2分加熱する。
4 塩・コショウ、パプリカパウダーをふる。

塩昆布×佃煮の和風ソースで

ブロッコリーのりのりソース

お弁当のおかずにも
合う味付けだヨ

POINT

2　Ⓐをしっかり混ぜ合わせる。

2　ブロッコリーもからめてレンジへ。

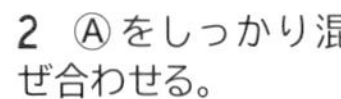

材料（2人分）

ブロッコリー……100g
Ⓐ 塩昆布……1つまみ
　海苔の佃煮……大1
　顆粒だし……大1／2（料理酒大1で溶く）
刻み海苔……適量
白ゴマ……適量

作り方

1 ブロッコリーは小房に分け皿に並べ、ラップをしてレンジで2分30秒加熱する。
2 ボウルにⒶを入れ混ぜ合わせ、1をあえる。
3 皿に2をのせ、ラップをしてレンジで1分加熱する。
4 ラップを外し、刻み海苔、白ゴマをふる。

ブロッコリー畑に梅の花が咲いたよ

ブロッコリー梅風味

お好みでかつお節を散らしても GOOD！

POINT

2 Ⓐをしっかり混ぜる。

2 ブロッコリーにⒶをからませる。

材料（2人分）

ブロッコリー……100g
Ⓐ 梅干し……1個（刻む）
　天かす……大1
　顆粒だし……大1／2（料理酒大1で溶く）
梅干し……1個（刻む）
天かす……大1

作り方

1 ブロッコリーは小房に分け皿に並べ、ラップをしてレンジで2分30秒加熱する。
2 ボウルにⒶを入れ混ぜ合わせ、1をあえる。
3 皿に2をのせ、ラップをしてレンジで1分加熱する。
4 ラップを外し、梅干し、天かすを散らす。

Recipe 41
vegetable BOK CHOY

クルミマスタードソースが合います

チンゲン菜のマスタード和え

材料（2人分）

チンゲン菜 …… 1束
Ⓐ クルミ …… 少々（刻む）
　にんにく …… 1かけ（みじん切り）
　顆粒だし …… 大1／2（料理酒大1で溶く）
粒マスタード …… 大2
塩、コショウ …… 少々

作り方

1 チンゲン菜は皿に葉と茎を交互に並べ、ラップをしてレンジで2分加熱する。4cm幅に切る。

2 ボウルにⒶを入れ混ぜ合わせ、1をあえる。

3 皿に2をのせ、ラップをしてレンジで2分加熱する。

4 ラップを外し、塩・コショウをふり、粒マスタードを添える。

インスタントラーメンの具にも！

POINT

1 葉と茎を交互に並べてラップを。

2 Ⓐをしっかりをからめ合わせる。

温かくても冷めても美味しい

長ねぎ温マリネ

R8

刻めばチャーハンの
具にもなるよ！

POINT

1 縦に深く切り込みを入れる。

5 長ねぎ全体にタレをまわしかける。

材料（２人分）

長ねぎ……1本
Ⓐ 鷹の爪……1／2本（輪切り）
醤油……大1
酢……大1
顆粒だし……大1／2
砂糖……大1／2
ゴマ油……大1
ラー油……少々
かつお節……適量

作り方

1 長ねぎは5cm幅に切り、縦に切り込みを入れる。
2 かつお節はレンジで１分加熱する。
3 ボウルにⒶを入れて混ぜ合わせ、ラップをしてレンジで１分加熱する。
4 皿に1を並べ、ラップをしてレンジで３分加熱する。
5 ラップを外し、3をかけ、かつお節を盛る。

長ねぎ

Recipe
43
vegetable
SHALLOT

さわやかイタリアン風味

長ねぎレモンマリネ

R8

さっぱりしているので、冷製パスタの具にしても！

材料（2人分）

長ねぎ……1本
Ⓐ アンチョビ……2枚（刻む）
ローリエ……1枚（半分にちぎる）
ワインビネガー……大1
レモン汁……適量
塩・コショウ……少々
レモンの輪切り……1枚

POINT

1 長ねぎは長さをそろえる。

3 ローリエはちぎると香りがより豊かに。

作り方

1 長ねぎは5cm幅に切り、縦に切り込みを入れる。皿に並べラップをして、レンジで2分加熱する。
2 ボウルにⒶを入れ混ぜ合わせ、1をあえる。
3 皿に2を並べ、ラップをしてレンジで2分加熱する。
4 ラップを外し、塩・コショウをふり、レモンを飾る。

うまみがしみしみ

大根サキイカ

POINT

1 大根は厚めに皮をむき半月切りに。

2 サキイカとⒶをからませる

材料（2人分）

大根……5cm
サキイカ……2つまみ
生姜……1かけ（すりおろす）
Ⓐ 醤油……大2
みりん……適量
顆粒だし……大1／2（料理酒大1で溶く）
わけぎ……適量
白ゴマ……適量

作り方

1 大根は皮をむき、1cmの輪切りにし半分に切り、水でさらす。水を切り皿に並べ、ラップをしてレンジで4～5分加熱する。サキイカは5cm幅に切り、料理酒（分量外）に5分漬ける。
2 ボウルにⒶ、1を入れて混ぜ合わせる。
3 皿に2をのせ、ラップをしてレンジで2分加熱する。
4 ラップを外し、わけぎ、白ゴマをふる。

2つの食感の違いを楽しんで

大根ハウス

R8

材料（2人分）

大根……5cm
Ⓐ 塩昆布……1つまみ
　味噌……大1
　料理酒……大2
　砂糖……大1／2
白ゴマ……適量
かつお節……適量
大葉……2枚（みじん切り）

作り方

1 大根は皮ごと4辺を縦に切り落とし、皮に縦に飾り包丁を入れる。中身を縦に2等分、横に3等分に切る。1つを斜めに2等分し、残りはサイコロ状に切る。皿に並べ、ラップをしてレンジで4～5分加熱する。

2 ボウルにⒶを入れて混ぜ合わせる。

3 皿に1を組み立てながら、間に2をぬり、家の形に組み立てたら、ラップをしてレンジで2分加熱する。

4 かつお節をレンジで1分加熱する。

5 3のラップを外し、白ゴマ、かつお節をふり、大葉を盛る。

POINT

1　皮の部分は縦に切り込みを入れる。

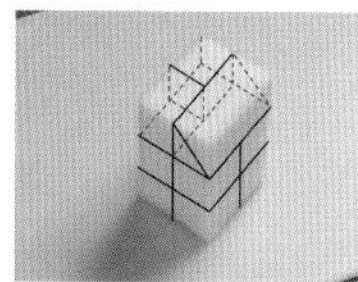
1　上の部分は、斜め半分にして屋根に。

1　写真のように大根を切り分ける。

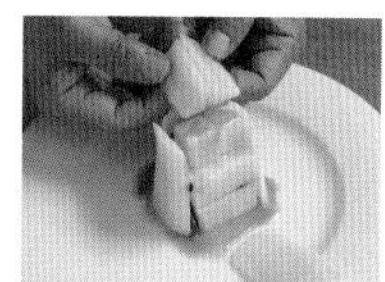
3　Ⓐをぬりながら組み立てる

食べる積木！　DIY
感覚で組み立てを♪

さわやかな和の香りがアクセント

たっぷり大葉大根

大葉の代わりにかつお節をかけてもうまい

POINT

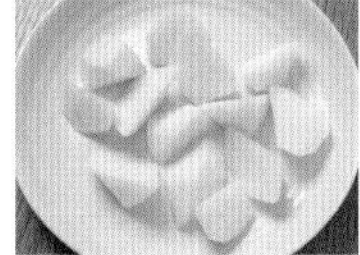

1　食べやすい大きさの乱切りに。

3　ふんわりラップをしてレンジへ

材料（2人分）

大根	5cm
Ⓐ 天かす	大1
天つゆ	大2
醤油	少々
片栗粉	大1／3
天かす	大1
大葉	2枚（千切り）

作り方

1 大根は皮をむき乱切りし、水に5分さらす。水を切り皿に並べ、ラップをしてレンジで4～5分加熱する。

2 ボウルにⒶを入れ混ぜ合わせ、1をあえる。

3 皿に2をのせ、ラップをしてレンジで1分加熱する。

4 ラップを外し、天かすとたっぷりの大葉を盛る。

緑が豊かな木になったヨ

しいたけツリー

和風クリスマス!?
ご馳走のお供に!

POINT

1 半分に切ってレンジへ。

2 切り口にぬって元の形に戻す

材料（2人分）

しいたけ……3個
Ⓐ 生姜……適量（すりおろす）
　味噌……大1
　料理酒……大1
　砂糖……大1／2
梅干し……適量（刻む）
大葉……適量（千切り）

作り方

1 しいたけは石づきを取り、半分に切る。皿に並べ、ラップをしてレンジで2分加熱する。
2 ボウルにⒶを入れ混ぜ合わせ、しいたけの切り口にぬり、合わせる。
3 皿に2をのせ、ラップをしてレンジで3分加熱する。
4 ラップを外し、梅干し、大葉を飾る。

Recipe 48
vegetable
SHIITAKE MUSHROOM

びっくり仰天な組み合わせ

しいたけオリーブ

材料（2人分）

しいたけ……3個
Ⓐ にんにく……1かけ（みじん切り）
生姜……1かけ（みじん切り）
顆粒だし……大1／2（料理酒大1で溶く）
オリーブオイル……大1
オリーブ……10個
大葉……適量（千切り）

作り方

1 しいたけは石づきを取り、5mm幅に切る。皿に並べ、ラップをしてレンジで2分加熱する。

2 ボウルにⒶを入れて混ぜ合わせ、1、オリーブを加えてあえる。

3 皿に2をのせ、ラップをしてレンジで1分加熱する。

4 ラップを外し、たっぷりの大葉を盛る。

POINT

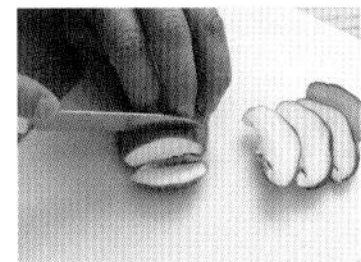
1 しいたけはスライスする。

2 Ⓐとオリーブをしっかりからめる。

2つの食感を生かす

しいたけ天かす

お茶漬けのトッピングにどうぞ！

POINT

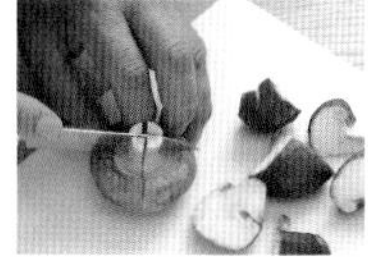

1 しいたけは4等分する。

2 Ⓐとよくからめ合わせる。

材料（2人分）

しいたけ	3個
Ⓐ 天かす	大1
生姜	1かけ（みじん切り）
天つゆ	大2
料理酒	大1
醤油	少々
塩・コショウ	適量
天かす	大1
パセリ	適量（刻む）

作り方

1 しいたけは石づきを取り、1／4に切る。皿に並べ、ラップをしてレンジで2分加熱する。

2 ボウルにⒶを入れ混ぜ合わせ、1をあえる。

3 皿に2をのせ、ラップをしてレンジで1分加熱する。

4 ラップを外し、塩・コショウをふり、天かす、パセリを散らす。

マッシュルームを卵で包む

マッシュルームエッグ

材料（2人分）

マッシュルーム……5個
Ⓐ 卵……2個
にんにく……1かけ（みじん切り）
醤油……大1
顆粒だし……大1／2（料理酒大1で溶く）
塩・コショウ……少々
大葉……適量（千切り）

作り方

1 マッシュルームは石づきを取り、半分に切る。皿に並べ、ラップをしてレンジで2分加熱する。

2 ボウルにⒶを入れて混ぜ合わせる。

3 皿にラップをしき、1、2を入れて軽く混ぜ、ラップをしてレンジで2分加熱する。

4 レンジから取り出したらラップを丸め、1分置く。

5 ラップを外し、塩・コショウをふり、大葉を盛る。

POINT

3 マッシュルームとⒶをからめる。

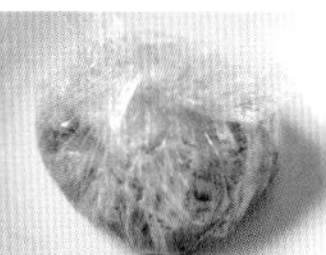
4 ラップごと丸めた状態で1分。

レモン香るさわやかな味わい

マッシュルームサラダ

さっぱりした味わいで
パスタの具にも！

POINT

1　マッシュルームは縦半分に切る。

3　Ⓐをよくからませてレンジへ。

材料（2人分）

- マッシュルーム……5個
- Ⓐ にんにく……1かけ（みじん切り）
- ワインビネガー……大2
- レモン汁……少々
- 顆粒だし……大1／2
- オリーブオイル……大1
- 塩、コショウ……少々
- パセリ……適量（みじん切り）
- 粒マスタード……大1

作り方

1. マッシュルームは石づきを取り、半分に切る。皿に並べ、ラップをしてレンジで2分加熱する。
2. ボウルにⒶの顆粒だしを入れてワインビネガーで溶き、オリーブオイル、レモン汁、にんにくを加えて混ぜ、1をあえる。
3. 皿に2をのせ、ラップをしてレンジで1分加熱する。
4. ラップを外し、塩・コショウをふり、パセリを散らし、粒マスタードを添える。

Recipe
52
vegetable
LYOPHYLLUM SHIMEJI

ハズレなし！黄金のマッチング

しめじチーズバター

POINT

1　しめじをほぐしバターを散らす。

3　スライスチーズをのせてレンジへ。

材料（2人分）

しめじ……100ｇ
バター……10ｇ
Ⓐ にんにく……1かけ（すりおろす）
　顆粒だし……大1／2（料理酒大1で溶く）
　オリーブオイル……大1
スライスチーズ……1枚
塩・コショウ……少々
パセリ……適量（みじん切り）

作り方

1 しめじは石づきを取り、ほぐす。皿にしめじを並べ、バターをのせ、ラップをしてレンジで2分加熱する。
2 ボウルにⒶを入れ混ぜ合わせ、1をあえる。
3 皿に2をのせ、スライスチーズをのせ、レンジで1分加熱する。
4 塩・コショウをふり、パセリを散らす。

味の染み込んだ天かすがいい仕事！

しめじパワー

うどんのトッピングにも合うヨ

POINT

1 しめじは広げて並べる。

2 Ⓐをしっかりからめる。

材料（2人分）

しめじ……100g
Ⓐ 天かす……大1
生姜……1かけ（すりおろす）
にんにく……1かけ（すりおろす）
天つゆ……大1
料理酒……大1
醤油……少々
片栗粉……大1／3
天かす……大1

作り方

1 しめじは石づきを取り、ほぐす。皿にしめじを並べ、ラップをしてレンジで2分加熱する。
2 ボウルにⒶを入れ混ぜ合わせ、1をあえる。
3 皿に2をのせ、ラップをしてレンジで1分加熱する。
4 ラップを外し、天かすを散らす。

Recipe 54
vegetable EGGPLANT

短時間でも味がからむ！

大葉たっぷりなす味噌

POINT

1 油をふることで、なすの見た目がきれいに。

2 Ⓐをしっかりからめてレンジへ。

材料（2人分）

なす	2本
サラダ油	大1
Ⓐ 味噌	大1
料理酒	大1
醤油	大1／2
砂糖	大1／2
白ゴマ	適量
大葉	適量（千切り）

作り方

1 なすはヘタを取り乱切りにする。皿に並べサラダ油をふり、ラップをしてレンジで3分加熱する。

2 ボウルにⒶを入れ混ぜ合わせ、1をあえる。

3 皿に2をのせ、ラップをしてレンジで2分加熱する。

4 ラップを外し、白ゴマをふり、たっぷりの大葉を盛る。

Recipe 55
vegetable EGGPLANT

お漬物のようにさっぱりいただく

なすの水なす風味

天かすが味のアクセントに!

材料(2人分)

なす …… 2本
ゴマ油 …… 大1
天かす …… 大1
Ⓐ 天かす …… 大1
　生姜 …… 1かけ(すりおろす)
　醤油 …… 大1
　顆粒だし …… 大1/2(料理酒大2で溶く)
天かす …… 大1
わけぎ …… 適量(小口切り)

作り方

1 なすはヘタを取り乱切りにする。皿に並べゴマ油をふり、ラップをしてレンジで3分加熱する。
2 ボウルにⒶを入れ混ぜ合わせ、1をあえる。
3 皿に2をのせ、ラップをしてレンジで2分加熱する。
4 ラップを外し、天かす、わけぎを散らす。

POINT

1 なすは乱切りにして並べる。

2 Ⓐをしっかりと混ぜる。

レンジでおいしいドラマが生まれる！

なすと油揚げ

材料（２人分）

なす……２本
サラダ油……大１
油揚げ……１枚
Ⓐ 天つゆ……大１
　料理酒……大１
　醤油……少々
　にんにく……少々（すりおろす）
塩・コショウ……適量
かつお節……適量

作り方

1 なすはヘタを取り縦半分にし、４等分にして横半分に切る。皿に並べサラダ油をふり、ラップをしてレンジで３分加熱する。

2 皿にキッチンペーパーをしき、油揚げをのせ、レンジで２分加熱し、１cm幅に切る。かつお節はレンジで１分加熱する。

3 ボウルにⒶを入れ混ぜ合わせ、1のなすをあえる。

4 皿に3をのせ、ラップをしてレンジで２分加熱する。

5 ラップを外し、塩・コショウをふり、油揚げ をのせ、かつお節をふる。

POINT

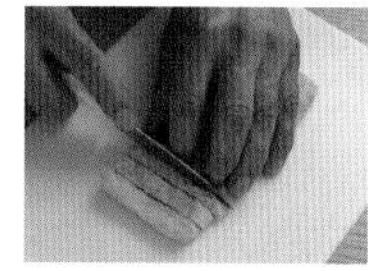
1　油揚げは1㎝程度の細さに切る。

2　縦半分にし４等分して横半分に。

Recipe 57
vegetable GREEN PEPPER

みんな大好きになってくれるかな?

ピーマンの花

POINT

1 ヘタを中心に花びらのように。

3 Ⓐを混ぜてソースを作る。

材料(2人分)

ピーマン……3個
Ⓐ 生姜……1かけ(みじん切り)
にんにく……1かけ(みじん切り)
味噌……大1
料理酒……大1
砂糖……大1／2
かつお節……適量

作り方

1 ピーマンはヘタの部分を取り分け、残りは8等分に切る。皿に並べ、ラップをしてレンジで1分加熱する。
2 かつお節はレンジで1分加熱する。
3 ボウルにⒶを入れ混ぜ合わせ、ラップをしてレンジで1分加熱する。
4 皿に1を並べ、ヘタに3を盛り、レンジで1分加熱する。
5 かつお節をふる。

Recipe 58
vegetable GREEN PEPPER

切り方を変えれば味も変わる

ピーマンリング

市販のピザに追加でトッピングしても！

POINT

1 繊維を切る輪切りは苦味を楽しめる。

2 温めてクリームチーズを柔らかく。

材料（２人分）

ピーマン ………… ３個
Ⓐ クリームチーズ ………… 大１
　マヨネーズ ………… 適量
　牛乳 ………… 大２
　塩、コショウ ………… 少々
塩、コショウ ………… 少々
チリパウダー ………… 適量
粉チーズ ………… 適量

作り方

1 ピーマンはヘタと種を取り、5mm幅の輪切りにする。

2 ボウルにⒶを入れ混ぜ合わせ、レンジで30秒加熱する。

3 皿に1を並べ2をかけ、ラップをしてレンジで２分加熱する。

4 ラップを外し、塩・コショウ、チリパウダー、粉チーズをふる。

新・無限ピーマン料理!?

天かすピーマン

材料(2人分)

ピーマン……3個
Ⓐ 天かす……大1
醤油……大2
顆粒だし……大1/2(料理酒大1で溶く)
天かす……大1
かつお節……適量

作り方

1 ピーマンはヘタと種を取り、乱切りにし、皿に並べ、ラップをして、レンジで1分加熱する。
2 かつお節はレンジで1分加熱する。
3 ボウルにⒶを入れ混ぜ合わせ、1をあえる。
4 皿に3をのせ、ラップをしてレンジで1分加熱する。
5 ラップを外し、天かすと2のかつお節を盛る。

POINT

1 乱切りでシャキシャキした食感に。

3 よく混ぜ合わせレンジへ。

Recipe 60
vegetable BEAN SPROUTS

辛味がもやしを引き立てる

もやし豆板醤

POINT

2　しっかりとボウルで混ぜる。

3　ラップをふんわりかけレンジへ。

材料（2人分）

もやし……100ｇ
豆板醤……大1／3
Ⓐ キムチ……適量（みじん切り）
　顆粒だし……大1／2（料理酒大1で溶く）
　片栗粉……大1／3
塩・コショウ……適量
黒ゴマ……少々
わけぎ……適量

作り方

1 もやしは水にさらす。水を切り皿に並べ、ラップをしてレンジで2分加熱する。
2 ボウルにⒶを入れ混ぜ合わせ、1をあえる。
3 皿に2を盛り、ラップをしてレンジで2分加熱する。
4 ラップを外し、塩・コショウ、黒ゴマをふり、わけぎを散らす。

Recipe 61
vegetable BEAN SPROUTS

新提案！　洋風の味付け

もやしチーズ

材料（2人分）

もやし……100ｇ
Ⓐ ミックスチーズ……大3
　顆粒だし……大1／2（料理酒大1で溶く）
　塩・コショウ……少々
塩・コショウ……適量
粉チーズ……適量
パセリ……大2（刻む）

作り方

1 もやしは水にさらす。水を切り皿に並べ、ラップをしてレンジで2分加熱する。

2 ボウルにⒶを入れ混ぜ合わせ、ラップをしてレンジで1分加熱する。

3 1と2とパセリの半量をあえて皿にのせ、ラップをしてレンジで2分加熱する。

4 ラップを外し、塩・コショウをふり、残りのパセリと粉チーズをふる。

POINT

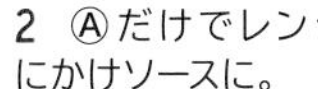
2　Ⓐだけでレンジにかけソースに。

3　よくあえたらレンジへ。

天つゆの力は偉大なり!

ヤングコーンバター

POINT

2 卵液半量とバターをのせレンジへ。

3 残りの卵液とチーズをのせる。

材料(2人分)

ヤングコーン	5個
卵	1個
バター	10g
Ⓐ 天つゆ	大1
塩・コショウ	少々
ミックスチーズ	大2
塩、コショウ	適量
パプリカパウダー	適量

作り方

1 ボウルに卵を割り入れ、Ⓐを加えて混ぜ合わせる。

2 皿に1を半量入れ、ヤングコーンとバターを並べ、レンジで2分加熱する。

3 2に残りの卵液を入れ、ミックスチーズをのせ、レンジで2分加熱する。

4 仕上げに、塩・コショウ、パプリカパウダーをふる。

レンジで作るとろふわオムレツ

トマトオムレツ

材料（2人分）

- 卵……1個
- ホールトマト……1個（角切り）
- ミックスチーズ……大2
- 塩・コショウ……少々
- パセリ……適量（みじん切り）

作り方

1. ボウルにホールトマトとミックスチーズを入れ、レンジで1分加熱する。
2. 1に卵を割り入れ混ぜ合わせる。
3. 皿にラップをしき2をのせ、レンジで2分加熱する。
4. レンジから取り出し、ラップを丸め、1分置く。
5. ラップを外して、塩・コショウをふり、パセリを散らす。

POINT

3　ラップをしくのを忘れずに。

4　半熟程度で、余熱で火を通す。

お弁当のおかずにもOK

ミニオムレツ

材料（２人分）

卵	２個
Ⓐ 料理酒	大１
片栗粉	大１／３
ケチャップ	適量
マヨネーズ	適量
BBQソース	適量
塩・コショウ	少々

作り方

1 ボウルに卵を割り入れ、Ⓐを加えて混ぜ合わせる。

2 皿にラップをしき、1の１／３量を入れラップをし、さらに１／3量を入れラップをし、さらに１／3量を入れる。レンジで２分加熱し、薄焼き卵をつくる。

3 薄焼き卵３枚を、それぞれ丸める。

4 皿に3を並べ、ケチャップ、マヨネーズ、BBQソースを入れた小鉢を添える。

POINT

2　平皿に入れ卵液をのばす。

2　ラップで卵液をはさむ。

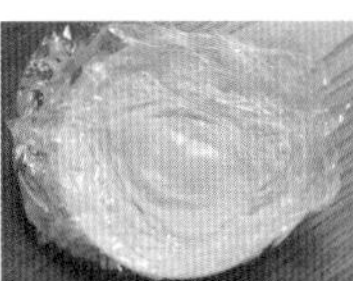
2　薄焼き卵を３枚作る。

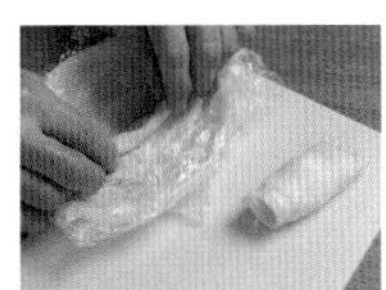
3　くるくる丸める。

ソースはお好みの味で
楽しんでね！

卵

Recipe 65

vegetable EGG

簡単なのにビックリな味わい

レンジ茶巾卵

材料（2人分）

卵 ……………………………… 2個
Ⓐ 顆粒だし …… 大1／2（料理酒大1で溶く）
　砂糖 ……………………………… 大1
バター ……………………………… 10ｇ
レタス ……………………… 適量（千切り）
粉チーズ ……………………………… 適量

作り方

1 ボウルに卵を割り入れ、Ⓐを加えて混ぜ合わせる。

2 皿にラップをしき、1をのせ、バターをのせ、ラップをしてレンジで2分、卵がほぼ固まるまで加熱する。

3 ラップを持ち、茶巾のように絞ってから皿に盛り付ける。レタスをのせ、粉チーズをふる。

POINT

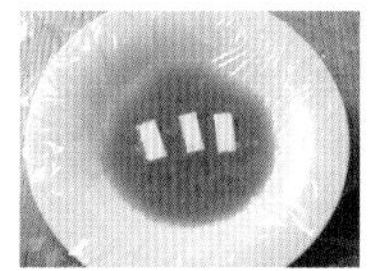

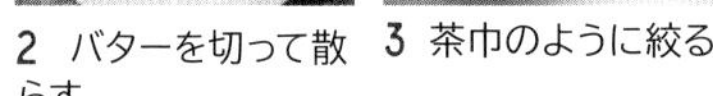

2　バターを切って散らす。

3　茶巾のように絞る

カリカリ食感が楽しい！

油揚げのゴマ梅ソース

材料（2人分）

油揚げ……1枚
梅干し……1～2個（刻む）
Ⓐ 醤油……大1
　 顆粒だし……大1／2（料理酒大1で溶く）
　 ゴマ油……大1

作り方

1 皿にキッチンペーパーをしき、油揚げをのせ、レンジで2分加熱し、縦に細長く切る。

2 ボウルに梅干しの半量、Ⓐを入れて混ぜ合わせ、レンジで30秒加熱する。

3 皿に1をのせ、2をかける。

POINT

1 油揚げは1cm幅の縦長に切る。

2 Ⓐを混ぜてソースを作る。

こんなソース食べたことある?

油揚げのオリーブ&くるみソース

材料(2人分)

油揚げ……1枚
Ⓐ くるみ……大1(刻む)
　オリーブ……10個
　ワインビネガー……大2
　顆粒だし……大1/2
パセリ……適量(刻む)

作り方

1 皿にキッチンペーパーをしき、油揚げをのせ、レンジで2分加熱し、1cm幅に切る。

2 ボウルにⒶの顆粒だしを入れワインビネガーで溶き、クルミ、オリーブを加えて混ぜ、ラップをしてレンジで30秒加熱する。

3 皿に1を並べ、2をかけ、パセリを散らす。

POINT

1 レンジで加熱することでからっと。

2 Ⓐのソースだけでもレンジへ。

トーストに乗せると
意外な美味しさ！

温豆腐をピリ辛ソースで

豆腐の豆板醤ソース

材料（２人分）

豆腐……1／2丁
Ⓐ 豆板醤……大1／2
生姜……2かけ（すりおろす）
醤油……大1
顆粒だし……大1／2（料理酒大1で溶く）
白ゴマ……適量

作り方

1 豆腐は横半分にして4等分に切る。皿にキッチンペーパーをしき、豆腐をのせ、ラップをしてレンジで1分加熱する。
2 ボウルにⒶを入れて混ぜ合わせる。
3 皿に豆腐を並べ、間に2をはさみ、上からもかけ、ラップをしてレンジで1分加熱する。
4 ラップを外し、白ゴマをふる。

代わりにオイスターソースをかけても美味しいよ！

POINT

2　豆板醤はお好みで増減OK。

3　タレを間にもかける。

Recipe 69
vegetable TOFU

温やっこ梅風味

豆腐梅干しソース

材料（２人分）

豆腐……1／2丁
Ⓐ 梅干し……1～2個（刻む）
醤油……大1
顆粒だし……大1／2（料理酒大1で溶く）
かつお節……適量

作り方

1 豆腐は手でちぎる。皿にキッチンペーパーをしき、豆腐をのせ、ラップをしてレンジで１分加熱する。
2 ボウルにⒶを入れ混ぜ合わせ、1をあえる。
3 かつお節はレンジで１分加熱する。
4 皿に2をのせ、ラップをしてレンジで２分加熱する。
5 ラップを外し、かつお節をふる。

POINT

1 キッチンペーパーをしいて。

2 豆腐とⒶをしっかりあえる。

Recipe 70
vegetable
FRIED TOFU

居酒屋メニューを家庭でも

厚揚げのゴマ油ソース

辛いのが好きな人は
ラー油の量を調節して！

材料（２人分）

厚揚げ……1／2丁
Ⓐ 生姜……1かけ（すりおろす）
　醤油……大1
　顆粒だし……大1／2（料理酒大1で溶く）
　ゴマ油……大1
生姜……1かけ（すりおろす）
ラー油……適量

POINT

1　手でちぎると味がしみこむ。

3　Ⓐをなじませてレンジへ。

作り方

1 厚揚げは手でちぎり、皿に並べ、ラップをしてレンジで２分加熱する。
2 ボウルにⒶを入れ混ぜ合わせ、1をあえる。
3 皿に2を並べ、ラップをしてレンジで1分加熱する。
4 ラップを外し、生姜を盛り、ラー油をまわしかける。

隠し包丁で味がしみこむ

レン８厚揚げ

R8

材料（２人分）

厚揚げ……1丁
Ⓐ 天かす……大1
生姜……1かけ（すりおろす）
ポン酢……大2
顆粒だし……大1／2（料理酒大1で溶く）
黒ゴマ……大1／2
天かす……大1
大葉……適量（千切り）

作り方

1 厚揚げは９等分に四角く切り、隠し包丁を入れる。皿に並べ、ラップをしてレンジで２分加熱する。

2 耐熱容器にⒶを入れ混ぜ合わせ、レンジで30秒加熱する。

3 1に2をかけ、黒ゴマ、天かすをふり、大葉を盛る。

POINT

1 内側に隠し包丁を入れる

2 Ⓐだけでレンジに。

潮の香りを食卓に

こんにゃく岩と海苔たち ⓇⒺ8

材料（２人分）

こんにゃく……1枚
Ⓐ 海苔の佃煮……大2
　顆粒だし……
　大1／2（料理酒大1で溶く）
刻み海苔……適量

作り方

1 こんにゃくは一口大にちぎり、包丁で切り込みを入れる。皿に並べ、ラップをしてレンジで２分加熱する。
2 ボウルにⒶを入れ混ぜ合わせ、1をあえる。
3 皿に2をのせ、ラップをしてレンジで２分加熱する。
4 ラップを外し、刻み海苔をかける。

POINT

1 細かく切れ目を入れる。

2 Ⓐをしっかりからませる。

2 ふんわりラップをしてレンジへ。

ホカホカご飯にのせて
磯丼も試してネ!

Recipe 73
vegetable KONJAC

ピリ辛キムチ味

こんにゃくのカクテキ

ピリ辛味で
冷めても美味しいよ！

材料（２人分）

こんにゃく……１枚
Ⓐ キムチ……大２（刻む）
にんにく……１かけ（すりおろす）
顆粒だし……大１／２（料理酒大１で溶く）
キムチ……適量（刻む）
白ゴマ……適量

POINT

1　包丁で斜めに切り込みを入れる。

3　ラップをかけてレンジへ。

作り方

1 こんにゃくは２cm角に切り、包丁で切り込みを入れる。皿に並べ、ラップをしてレンジで２分加熱する。
2 ボウルにⒶを入れ混ぜ合わせ、1をあえる。
3 皿に2をのせ、ラップをしてレンジで１分加熱する。
4 ラップを外し、キムチを盛り、白ゴマをふる。

お酒のつまみ&ご飯のおかずに

こんにゃく梅ソース

材料(2人分)

こんにゃく……1枚
梅干し……1〜2個(みじん切り)
顆粒だし……大1/2(料理酒大1で溶く)
かつお節……適量

作り方

1 こんにゃくは2cm角に切ってから斜めに2等分し、包丁で切り込みを入れる。皿に並べ、ラップをしてレンジで2分加熱する。

2 ボウルに梅干し半量と顆粒だしを入れて混ぜ合わせ、1をあえる。

3 皿に2をのせ、ラップをしてレンジで1分加熱する。

4 ラップを外し、残りの梅干しをのせ、かつお節をふる。

お好みで刻み海苔や白ゴマをプラスして!

POINT

1 細かく切り込みを入れる。

2 梅肉とこんにゃくをしっかりあえる。

Recipe 75
vegetable KONJAC

まるでおでん！　味もしみしみ♪

こんにゃくおでん風

材料（２人分）

こんにゃく……１枚
Ⓐ 天かす……大１
生姜……１かけ（すりおろす）
醤油……大１
顆粒だし……大１／２（料理酒大１で溶く）
天かす……大１

作り方

1 こんにゃくは一口大にちぎり、包丁で切り込みを入れる。皿に並べ、ラップをしてレンジで１分加熱する。
2 ボウルにⒶを入れ混ぜ合わせ、1をあえる。
3 皿に2をのせ、ラップをしてレンジで２分加熱する。
4 ラップを外し、天かすをふる。

POINT

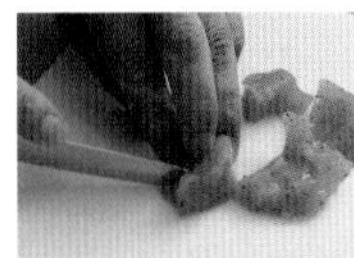
1　手でちぎってから切り込みを入れる。

2　天かす入りのたれと合わせてレンジへ。

作ってみてね！
味・見た目・こころ！

RENJI HACHIBU
レンジ8分

レンジ８分

左：**落合潤一**
調理師、家庭料理講師、料理技術検定師。浜内千波率いるファミリークッキングスクール初代校長。

右：**水野俊一**
成城大学在学中にファミリークッキングスク　ルで落合の弟了に。大学卒業後 旅行会社に勤めた後、再び弟子となる。

YouTube「レン8」も配信中！ぜひ検索して動画も楽しんでみてください！

企画協力／永井友央　細野照夫
撮影協力／ Boomerang（高田馬場）
編集協力／下関崇子
撮影／生井弘美
編集／長谷川 華（はなぱんち）
装丁・DTP 制作／池田香奈子

味・見た目・こころ

2023 年 4 月 5 日〔初版第 1 刷発行〕

著　者　レンジ８分
発行所　株式会社カナリアコミュニケーションズ
〒 141-0031
東京都品川区西五反田 1-17-11
第二東栄ビル 703
TEL　03-5436-9701
FAX　03-4332-2342
http://www.canaria-book.com/
印刷所　株式会社クリード

ISBN978-4-7782-0510-2
C2077